Todos los libros de Linkgua Ediciones cuentan con modelos de Inteligencia Artificial entrenados por hispanistas. Pregúntale al chat de tu libro lo que desees acerca de la obra o su autor/a.

Para ebooks: Accede a nuestro modelo de IA a través de este enlace.

Para libros impresos: Escanea el código QR de la portada con tu dispositivo móvil.

Obtén análisis detallados de nuestros libros, resúmenes, respuestas a tus preguntas y accede a nuestras ediciones críticas generativas para una experiencia de lectura más enriquecedora.
La transparencia y el respeto hacia la autoría de las fuentes utilizadas son distintivos básicos de nuestro proyecto. Por ello, las respuestas ofrecen, mediante un sistema de citas, las fuentes con las que han sido elaboradas.

José Lezama Lima

Enemigo rumor

Barcelona 2024
Linkgua-ediciones.com

Créditos

Título original: Enemigo rumor

© 2024, Red ediciones S.L.

Diseño cubierta: Michel Mallard

ISBN rústica ilustrada: 978-84-1126-757-1.
ISBN tapa dura: 978-84-1126-239-2.
ISBN ebook: 978-84-1126-767-0.

Sumario

Brevísima presentación

La vida

José Lezama Lima (La Habana, 19 de diciembre de 1910-9 de agosto de 1976). Cuba.

Nació el 19 de diciembre de 1910 en el campamento militar de Columbia, en La Habana, hijo de José María Lezama, coronel de artillería, y de Rosa Lima. En 1920, Lezama entró en el colegio Mimó, donde terminó sus estudios primarios en 1921. Hizo sus estudios de segunda enseñanza en el Instituto de La Habana, y se graduó como bachiller en ciencias y letras en 1928. Un año más tarde estudió Derecho en la Universidad de La Habana.

Lezama participó el 30 de septiembre de 1930 en los movimientos estudiantiles contra la dictadura de Gerardo Machado. Y publicó por entonces el ensayo Tiempo negado, en la revista *Grafos*, en la que al año siguiente se publica su primer poema titulado Poesía. Hacia 1937 fundó la revista *Verbum* y publicó su libro *Muerte de Narciso*. En los años siguientes fundó otras tres revistas: *Nadie parecía*, *Espuela de Plata* y *Orígenes*, junto a José Rodríguez Feo.

En 1964 Lezama se casó con su secretaria María Luisa Bautista. En 1965 ocupó el cargo de investigador y asesor del Instituto de literatura y lingüística de la Academia de Ciencias. En esa época fue publicada su *Antología de la poesía cubana*.

Su novela *Paradiso* apareció en 1966, fue considerada una de las obras maestras de la narrativa del siglo XX y calificada por las autoridades cubanas de «pornográfica».

Profundo conocedor de Platón, los poetas órficos, los gnósticos, Luis de Góngora y las literaturas culteranas y herméticas, Lezama vivió entregado a la escritura. Murió el 9 de agosto de 1976 a consecuencia de las complicaciones del asma que padecía desde niño.

Enemigo

Enemigo rumor fue publicado por José Lezama Lima en 1941. Es un libro inspirado en los clásicos españoles del Siglo de Oro, los simbolistas franceses y el Surrealismo. *Enemigo rumor* revela la creencia de Lezama en que la poesía es un acto religioso y metafísico.

En este libro aparece el poema Ah, que tú escapes, que se puede considerar como el primer signo de madurez literaria del autor. Y, entre otros poemas ya legendarios, aquí reunidos cabe citar:

San Juan de Patmos ante la puerta latina
Noche insular: jardines invisibles
Un puente, un gran puente

En ellos se manifiestan las preocupaciones religiosas, identitarias y metafísicas de Lezama y se percibe cómo su poesía se posiciona en un fascinante punto medio, entre las vanguardias literarias del siglo XX, la Biblia y los autores del Siglo de Oro.

Enemigo rumor

I. Filosofía del clavel

Ah, que tú escapes

Ah, que tú escapes en el instante
en el que ya habías alcanzado tu definición mejor.
Ah, mi amiga, que tú no quieras creer
las preguntas de esa estrella recién cortada,
que va mojando sus puntas en otra estrella enemiga.
Ah, si pudiera ser cierto que a la hora del baño,
cuando en una misma agua discursiva
se bañan el inmóvil paisaje y los animales más finos:
antílopes, serpientes de pasos breves, de pasos evaporados,
parecen entre sueños, sin ansias levantar
los más extensos cabellos y el agua más recordada.
Ah, mi amiga, si en el puro mármol de los adioses
hubieras dejado la estatua que nos podía acompañar,
pues el viento, el viento gracioso,
se extiende como un gato para dejarse definir.

Rueda el cielo

Rueda el cielo —que no concuerde
su intento y el grácil tiempo—
a recorrer la posesión del clavel
sobre la nuca más fría
de ese alto imperio de siglos.
Rueda el cielo —el aliento le corona
de agua mansa en palacios
silenciosos sobre el río—
a decir su imagen clara.
Su imagen clara.
Va el cielo a presumir
—los mastines desvelados contra el viento—
de un aroma aconsejado.
Rueda el cielo
sobre ese aroma agolpado
en las ventanas,
como una oscura potencia
desviada a nuevas tierras.
Rueda el cielo
sobre la extraña flor de este cielo,
de esta flor,
única cárcel:
corona sin ruido.

Son diurno

Ahora que ya tu calidad es ardiente y dura,
como el órgano que se rodea de un fuego
húmedo y redondo hasta el amanecer
y hasta un ancho volumen de fuego respetado.
Ahora que tu voz no es la importuna caricia
que presume o desordena la fijeza de un estío
reclinado en la hoja breve y difícil
o en un sueño que la memoria feliz
combaba exactamente en sus recuerdos,
en sus últimas playas desoídas.
¿Dónde está lo que tu mano prevenía
y tu respiración aconsejaba?
Huida en sus desdenes calcinados
son ya otra concha,
otra palabra de difícil sombra.
Una oscuridad suave pervierte
aquella Luna prolongada en sesgo
de la gaviota y de la línea errante.
Ya en tus oídos y en sus golpes duros
golpea de nuevo una larga playa
que va a sus recuerdos y a la feliz
cita de Apolo y la memoria mustia.
Una memoria que enconaba el fuego
y respetaba el festón de las hojas al nombrarlas
el discurso del fuego acariciado.

Una oscura pradera me convida

Una oscura pradera me convida,
sus manteles estables y ceñidos,
giran en mí, en mi balcón se aduermen.
Dominan su extensión, su indefinida
cúpula de alabastro se recrea.
Sobre las aguas del espejo,
breve la voz en mitad de cien caminos,
mi memoria prepara su sorpresa:
gamo en el cielo, rocío, llamarada.
Sin sentir que me llaman
penetro en la pradera despacioso,
ufano en nuevo laberinto derretido.
Allí se ven, ilustres restos,
cien cabezas, cornetas, mil funciones
abren su cielo, su girasol callando.
Extraña la sorpresa en este cielo,
donde sin querer vuelven pisadas
y suenan las voces en su centro henchido.
Una oscura pradera va pasando.
Entre los dos, viento o fino papel,
el viento, herido viento de esta muerte
mágica, una y despedida.
Un pájaro y otro ya no tiemblan.

Avanzan

Avanzan sin preguntar,
auxilios, campanillas,
sin farol, sin espuelas.
Intratable secreto,
ganancias declamadas.
Redondear, desaparecer,
breve tacto sin fin,
mano de límites previos,
peligros que la mirada
—argumentos— no puede curvar,
distanciar, desaparecer.
Respiro la niebla
de deshojar fantasmas;
con humo me pinto.
Como estrella sin firma
sobrenadan mis manos.
Sueño abejas reidoras
y lunas destrenzadas
y el abandono
encogido, disperso
de secretos sobresaltos, nieves declamadas.

Discurso para despertar a las hilanderas

Cuando advierte,
leve agitación, fronda inclinada,
va muriendo, color que si pregunta
en la sonrisa no puede ya ni respirar
horas grabadas en el aire dormitando
en los relieves, en la oquedad
del agua ascendiendo hasta los labios,
hasta las manos entibiando la oquedad
desnuda entre los sistros, entre las cítaras
frunciendo el aire aprisionado en las sandalias
que el gong devuelve redondo en amatista,
en la crujiente piel de la frente extendida
en pecho y raíz multiplicado por un cero níveo,
extendida en fría mano si en el gong advierte.
Allí despierta, peina o recorre —convulsa se adormece,
suave de torres— verde cabellera, silla de marfil.
Hondero normando mide la altura de las mareas,
de las mareas que por el brazo suben,
de la pirámide que las aguas mueve.
Oro peinado, peine mojado en aguamar
de risa en las salinas, en el no oído
nardo despierto en cabeceo arenoso
y testa truncada en flor de la marea.
Oh tú de torres, oh tú en la impedida nube alambrada
para moler insectos redorados o sueños giradores
que ya la flecha narra, que ya el corcel entrega,
que ya la sed en ríos notariales ciñe en el luto
árbol de marea y pirámides revueltas en vano
engendro de rosa y cordel o corcelete del corcel
a la nube que le pule reñida ofrenda y pliegues salineros.

Oh, ¿usted cree que la nieve, delgada escama, lámina o sonido,
cuela en sus bolsillos, mata como arena y dedo gordo?
Oh sí, yo creo, le diré la hora, la nieve no me importa
ni el sueño divisor de cuantos peces perecieron juntos.
Oh sí de torres, torre y marea que ya la noche exprime.
Torre entre lunas, ósea ofrenda y caramillos de cartílagos
lechosos en caracol destrenzan y martilladas islas afianzan.
Nariz malaya, trampa sin caracol y moaré de pájaros mojados
nieves escrutan en letras señaladas y querella avisada ya sin
   labios,
Mudo aire y papel que las embriaga toca en los labios, se irisa en
   las guitarras,
busca el nivel de las palabras que nacieron juntas
o el oído en vaivén de la marea en la madera que arañando
   escucha,
del caracol, de la guitarra, verde ladrido, multitud sangrienta.
Escalinata es la sal, hacia la Luna no pregunta, no despierta,
y el jacinto enterrado y el sollozo del pájaro leves vienen
hilo tras hilo hasta el cartílago de las más fría anémona
que toca y devuelve la testa truncada en flor de la marea.

Se te escapa entre alondras

Se te escapa entre alondras el ruido de sienes
para el agua desoída en las primeras horas
que existen o no existen pero siempre aletean
buscando la compuerta de un ruido virado
por el exceso de trabajo, por la risa.

    Que existen o no existen
    si tú fueras el primero
    a cazar en la nieve
    los insectos sin ojos
    que ruedan por la nieve.

Oh, que tú seas el fin que entorna los balcones
que despiertan sin nunca despertar
en la hora prestada al baño de los ciervos.
Que lo que aprisiones sea más que el ruido
del brazo donde todo es un mar afinado
para el solo momento de alcanzar el relente.
Oh, que tus labios asciendan en la respiración de los balcones
que aceptan la prisa del humo deletreado
y tus miradas se estilen en la orilla de los ríos
reemplazando a los suicidas.

    Y su suerte se ha quedado
    bajo los párpados pobres
    como un pellizco en la rosa
    del aliento de los dedos
    y se reconoce y se pierde
    en los insectos sin ojos
    que ruedan por la nieve.

No hay que pasar

I

No hay que pasar puentes de conchas de desprecios
de recomenzar la búsqueda de las vihuelas crecidas
o por más señas un brazo redoblante a castillo cerrado
a traspiés de araña que presagiaban los lotos
voy atravesando festones descolgados escamas destrenzadas
mandando en las planicies bajo arco de boca moribunda
y boquiabiertos presagios que mueven la corteza a desmayo
el agua a fresa nivelada y el latido a salto alto
por ahora silenciosos quilates del timbre y embates despertados
entre crisis de plateados placeres que chilla la pecera
y las escamas y la más aislada hebra que asciende
hasta confinar con la concha que ve sonar lo rubio
a impulsos de los ojos tirados contra la pared cariciosa
a rendijas de otoño por ahora no te creo crecida
ni olvidada intrusa rubí decaído en hilo por escamas furiosas.

II

Mi mano de mármol gris mis olvidos o mi sola alma
la navegación a medianoche hasta abrirse las tijeras
y destruirse la rosa para dar cinco campanadas
destruirse la rosa al pulsar el pájaro sin destruirse
ni hundirse si resbalan violines o perros al septentrión
o lo que ya cae en agua desluce su amargura
y la medialuna se entierra y el balcón escampa por primera vez
dime olvídame o deja de inclinar la torre y su sonrisa
y su plumón irisado acompasa el destilar del túmulo

por última vez el vidrio espolvorea las herraduras no las rosas
no las sortijas voladoras cuando el mármol descorre
cuando el mármol detiene una mirada fatal
o el inmoderado moribundo en azul rubio oscuro
destruye el mármol o la mujer viajera colorea
sus estanques que se reafirme porque la torre muere y chorrea
o que franjas de mármol de cuchillo y mi alma mojada.
¿No sabes que las puertas abiertas voltean los perros lanudos
  mirando al septentrión?

Madrigal

El tallo de una rosa se ha encolerizado con las avispas
que impedían que su cintura fuese y viniese con las mareas
cuando estaba tan tranquila en las graderías de un templo
y un marinero llamado por la palabra marea
se ha unido a los clamores de alfileres sin sueño
y le ha dado un fuerte pellizco al tallo de una rosa
lo que no merecía lo que no alcanzaba en su sonrisa
en su cítara en su respiración tornasolada
la cólera de un marinero
mil manos que se alzaban en el remedo de un beso
en esta pirámide de besos
para que en lo alto más despacio más pañuelo más señorita
una rosa una rosa
que no puede aislar ni unas cuantas avispas encolerizadas
que la han vencido que se le han pegado tenazmente a los flancos
y ya son ramita entre dos recuerdos.
Desconchamiento de lunas que no vienen
sus escamas de otoño
pero el niño que se ha quedado detenido frente a los
  encantamientos
de un caballo blanco
se apresura en su dulce memoria de lunares
a evocar sus regalos para ingresar en la nieve
entre dos recuerdos de aire pulsado entre dos conchas
que recorren un hilo de sienes de sien a sien
como entre dos recuerdos
un dedo besado atormentado desnudado
una muchedumbre de Perseos enlunados
que esperan a los más crecidos cazadores de medianoche

porque ha llegado el día que no se alcanza con media docena de
  cítaras
redondas espinas siempre festón de nieve enhebrado
que se adelantan con la crecida del aire
de dos conchas entre dos recuerdos
entrecortados silbidos en las graderías de un templo
hasta el instante en que es la sangre de hoy
hojas del recuerdo en las ventanas de las joyerías
ojos que miran cómodamente la avispa mordiendo el tallo de una
  rosa
para negártelo en el aire guante fronda lenta flauta
la misma rosa que ha inclinado su frente para recoger tu pañuelo
y esconderlo hasta que pasen los cazadores de medianoche.

Figuras del sueño

I

Quede tu brazo alzado,
lo reconoceré pendiente
más deprisa en su sueño.
Refugio de uvas, de alondras
en sus grutas, en los ríos
de generosa vida prolongada.
Adivino en las venas
un tumulto que mira y se fija
en el primer chillido,
en manzana ingenua
que la siesta desviste.
¿Comprendes la mano alzada
—flor de hilo y de venas
la propia pertenencia real—
y el diapasón sin eco?

II

El sueño sobre mi carne
asegura su isla leve.
Lo que se abre por dentro,
el almendro, la cal eterna,
domesticado revuela,
paloma que se va
al fuego o al nido pasajero
caído de sus alas.
Todo lo que se deja caer,

mirada al pasar
y el sueño al decaer.
La llama que se sabe alzar.
El sueño que cae.
La cal fugaz
que quiere destrenzar
símbolos en la pared.
El gamo que atraviesa el sueño
se asusta
en oblicuo chillido,
pero como sostiene al cielo
el cristal rodará.

III

La elipse de la codorniz
—mentira—
mas chilla el espejo cierto.
Verde de aguas cansadas
la codorniz se alza
—mentira—
a un cielo blando y no nuevo,
a desposadas preguntas.
Intacto secreto manso
en los cuidados del mármol
es un girasol no al aire,
a su cielo comprimido.
Un cielo grande que cae
sobre la codorniz desvelada.
De nuevo se alza escondida,
ropa y pico enterrados
en la flor y su desvelo.

El hálito de su siesta
—mentira—
en el secreto decide
la extensión de sus festejos,
la curvatura de su chorro
y maestría,
y ya en su nuevo secreto,
borra la codorniz su elipse
y su mentira primera.
La disciplina del cielo
cae justa
en el nombre de su cuello,
posado junto a la fuente
que en el sueño
lo reencuentra.
¿Y este tono especial,
blanco y grises divididos,
que en lo blanco salta?

IV

No es aquí.
Cae columna hirviendo.
Lo que me preocupa
falta.
Sus preguntas me divierten.
Un solo ojo me alcanza
como un río de ceniza.
De nuevo las ballestas,
pregones y ciudades
de timbres falsos.
Su primera muerte

va creciendo tensa,
alcanzando un tumulto
ligero
de flauta que se olvida,
de bambú que no se mueve,
ni sueña,
ni en el sueño oscila.

V

Ni el rostro pregunta
ni el espejo contesta.
En sus fuentes de mármol
el día nace entre dioses menores
y grandes abejas despiertas.
Chorro de verdes plumas
y amarillas y verdes.
Taza de blancura
y de cielo, entre sueños
irrumpe, cantan sus deseos.
El chorro del agua,
de las plumas el salto.
La curva de su brazo,
planicie de sus espaldas
y los más lentos trineos.

VI

No era que ya el ritmo
del almendro fuera cítara al sonido.
Por mi lado pasaba,
sin saberlo,

una escala de arenas
—tiempo inapreciable—
donde los colores
juegan sus sonidos
y se adormecen
en marfil extendido.
No era.
Ahora escampa el deseo,
secreto mantenido
en secreta opulencia.
Y lo que va pasando:
una fuga de hojas,
un rumor nunca oído,
siempre oído.
Una fuga de hojas
y la secreta opulencia
sobre taza de mármol
—lividez de la llama
o tersura de olvido—,
pasa por el tiempo
que no sabe de muerte
y que vuelve opulento
a un ritmo de hojas
sin cesar encontradas.

VII

Bajaba las escalas
del poniente,
como rosa olvidada.
Ceñía el blancor y la áurea hoja,
batidos por espumas no impulsadas,

en lentas bien medidas
calmas siderales.
Se escuchaba, borraba
el milagro de alta esfera
que mueven sus pisadas.
Bajaba las escalas del poniente,
y nadie la miraba.
Pactaba en lentas hojas
sus milagros,
temprano redoradas.
Y ahora pasa a nuestro lado
y nos golpea
como viento hechizado.
Caía del poniente
bien quemada,
la afirmación de la hoja
sin presente
que nos trae sus pisadas.
Lo que cae ahora del poniente
crujiendo en rósea gruta
mal mirada,
su misma fuga helada
que baja del poniente
por altas neverías
y nubes de mastines
en su gloria
—blancura—
tenazmente adormilados.

Como un barco

Llamadas voces corrían por el canto del cielo
bordeando de los dedos las islas.
Una voz que se aislaba,
palmeras, islas nadadoras, hojas del recuerdo,
nevando el perfil más voraz,
punto incierto volado del anillo que salta,
del cuerpo que olvida al soplar las palmeras
un perfil movedizo, congelando y batiendo
el cuerpo que ávidamente bebía.

Como un barco temblaban los cabellos
atados a las últimas palabras,
finamente anudadas las pestañas
erraban imponiendo silencios,
obligando al húmedo recuerdo de las manos atadas,
al contorno resuelto en guitarra y granizo.
El laúd o ese labio pinchado
que se quedó prendido a la envidia del caracol,
o a ese caracol que se fugó de la reyerta al destierro.
Esa ceniza y esos labios antaño perseguidos,
arco de la espiral aspirada,
volverán a despertar después de la llamada a tu rostro.
Después de las aguas que van invadiendo
los sentidos, la guirnalda y las lámparas.
También las manos adelantadas
para adormecerse en el ajedrez
o pulsar un verano que en pulseras y en sistros retrocede
y nadando se ciñe la corona de la risa,
o ya sopla desvanecido corcel
tan manchado, tan amargo,

tan querido que crece amarrado a las espaldas de los dioses
desterrados y al amigo en el cielo.
La sombra de la nube rápidamente caía.
El cuerpo enrollado en su manto y su sombra ávidamente bebía.

Puedo mirar

Puedo mirar tus manos preferidas
y el acanto de tus sienes redoradas.
Puedo mirar las aves sepultadas
por las frías guirnaldas otoñales.
Quiero mirar láminas de arena
y sus precisos fuegos rodadores.
Estoy mirando tu pregunta preferida.

Vuelan guirnaldas y más arenas ruedan,
mejor que en esa pregunta diferente
—carroza de mariscos y delfines—
que corría entre consejos de oro,
tibia, vuelta y renacida,
iris tan terco,
que me obligaba a señalar los ríos
en el mapa de tu recuerdo,
frío, desordenado por el viento.

Si se acerca, dormida,
extensa y prolongada,
entre sábanas que su gloria envuelven
y dulces la proclaman,
abstrayéndose en blanco, prolongándose
en celeste llamada a tu blancura.
Si despierto, tropiezo,
en el halo que tu respiración empaña
y en aquella nueva humedad
que pervierte el encantado tacto
y es la caricia al fervor.

Si dormido,
esa reciente concha y medialuna,
flecha de tu pregunta adormilada,
ni divierte ni extiende,
sillar semimoviente y hojas despedidas
hacia el centro de tu ciudad
rendida, golpeada
por tu fuga y mi fuga.

Estoy mirando tu pregunta preferida.

Queda de ceniza

I

Al llover sobre el cerco deslucido,
tú mismo, confundido,
ya confundes la gracia
del manantial seco y del jazmín
torcido de tu sueño.
Frío medialuna convoca
siniestras aguas a nueva torcedura
y a los timbres convoca para arañar el sueño de las hojas
en flor y flor hundida.
Tú borrabas, querías, alentabas
la primer cabellera que el hastío detiene
interminablemente en bruscos corredores.
Multiplicas puertas, réplicas
que abren y olvidan sus pestañas.
Vencedores y azules, penetrantes
escuadrones de guerreros mustios
abren y olvidan sus pestañas,
puertas, réplicas, fino borde
de papel dulcemente doblado.
Me persigues, pasas y repasas,
vienes o te ausentas, la misma alfombra
en la misma cámara de espejos murmurantes
siente tus pasos que ruedan
o alza una estatua por tu ausencia.
Ausencia ecuestre, horizontal, en sueños,
plegada o suelta cabellera,
Luna de cartón o telón en risa abierto.

Sueltas ya las nubes, los presagios,
la misma voz que peina el mismo aire.
¿Y tu música rodea el mismo cuerpo?
¿Y tu cuerpo se acuesta entre dos árboles
que la noche anterior había nombrado?

II

Dulce reencuentro en tu luz anegado,
como un ave penetra sin sonido en la tarde,
o como aquella sombra que entre la hierba surge
clamando por el nombre de esbeltos cuerpos duros.
Su dureza es apenas una provocación a las avispas y a la luz,
pues entre la claridad su gesto amargo esbozaba una tregua.
La resistencia de ese cuerpo se escolta
de un silencio opulento como un manto olvidado.
Comprendiendo su fin se abandona al ocaso,
y cuando cae lava en el agua confusa,
la pesantez de sus fragmentos que se hunden gimiendo.

La miseria escondida de ese cuerpo siniestro,
hasta ayer recorrido por el rumor de la gloria
y ahora pisado y abandonado por las hormigas del desprecio,
aumenta sus gemidos pues la noche se extiende.
Pero aunque quiere descifrar su gloria anterior,
Solamente le roza el frío del pez que busca su destino
y la frialdad de la Luna que aumenta la desazón de sus huesos.

III

Cerrado el último oleaje
donde ya no se puede penetrar

y su constante envío de sorpresas
provocan un oscuro dominio impenetrable.
Si ya la mirada continúa el juego o el tormento,
la sucesiva escala, el riente coro,
la Luna, última voz que se ha de oír,
soplará los espíritus del lago, la impalpable melancolía,
quedando de las fuentes un rastro de ceniza
o un elegante esbozo de fuerza congelada.

Aunque sus cabellos se prolongaban en rocío
y sus brazos se abandonaban como palabras repletas,
la sombra evaporada a humo lento de su cuerpo,
el oleaje impulsado por su sombra,
y la despertada voz que desprendida de su cuerpo,
continúa su viaje despaciosa
sin rozar la somnolencia de las arenas
ni sentirse detenida por el tosco impulso
de una columna o de una voz no esperada.

En ese último lamento que era también el último
confín a donde se acudía sin mirada y sin voz,
empezaba el oleaje a desentumecer,
y su última melodía, el recuerdo de un destierro
no sufrido, de una nube no vista,
era una vida más lenta, continua e indiferente,
donde no cabía la soledad del hombre ni el canto de los amigos,
sino una melodía inútil que rodaba sin fin,
rodeada de fríos lamentos y de blandos animales
que no sufrían la dolorosa interrogación de la luz.
La ausencia venía a ser reemplazada
por la perpetuidad leve del rocío,
nutridor impalpable de la invisible melancolía.

IV

Tu transparencia intocable muda las frondas
y deshace en las ventanas un jardín
habitado por mansos hombres cautos
con ojos de interminable túnel.
El escondido sueño viene a doblar la arboleda,
a colocar en el espejo que se hunde sin despedirse
múltiples seres de pequeñas miradas tintineantes.
Las únicas miradas dueñas del anochecer recargado.
Las últimas frondas que caen como el cansancio del humo
y se despiden galantes en el crepúsculo de los cambiantes ardores.
En la medianoche de verano el ruiseñor y sus letargos
cierran todas las compuertas que conducen a los viejos espejos
habitados por lámparas erectas
que no pueden inclinarse para descorrer los rostros
que los espejos han enviado como burbujas hacia la Luna.
La lámpara frente al espejo y el espantoso choque de las nubes
no podrán compararse a los paseos de muertos y vivientes
en torno al mismo lago del tedio,
donde los seres esconden sus huesos blandos
y se despiden galantes en el crepúsculo de los cambiantes
ignoran que pueden volar mansamente por el cielo del paladar.
Pero la nostalgia de esta noche crecida
entre dos ríos breves, levemente impulsados,
es algo más que un fruncimiento de interpretación venturosa,
es un polvo que la noche propaga con manchas agrandadas,
o una arena incontenible que detiene tus pasos y tus últimas
  voces
al borde mismo de la noche extendida de una boca a otra boca.

II. Sonetos infieles

Sonetos a la virgen

I

Deípara, paridora de Dios. Suave
la giba del engañado para ser
tuvo que aislar el trigo del ave,
el ave de la flor, no ser del querer.

El molino, Deípara, sea el que acabe
la malacrianza del ser que es el romper.
Retuércese la sombra, nadie alabe
la fealdad, giba o millón de su poder.

Oye: tú no quieres crear sin ser medida.
Inmóvil, dormida y despertada, oíste
espiga y sistro, el ángel que sonaba,

la nieve en el bosque extendida.
Eternidad en el costado sentiste
pues dormías la estrella que gritaba.

II

Mais tes mains (dit l'ange à Marie) sont merveilleuse-
ment bénies. Je suis le jour, je suis la rosée; mais toi, tu
est l'Arbre.
R. M. Rilke: *Vie de Marie*

Sin romper el sello de semejanza,
como en el hueco de la torre nube

se cruza con la bienaventuranza.
Oh fiel y sueño del cristal que pule

su rocío o el árbol de confianza,
reverso del Descreído pues si sube
su escala es caracol o malandanza,
pira gimiendo, palabra que huye.

Para caer de tu corona alzada
los ángeles permanecen o se esconden,
ya que tú oíste a la luz causada

por el cordero que la luz descorre
para ofrecer lo blanco a la nevada,
para extender la nieve que recorre.

III

Cautivo enredo ronda tu costado,
pluma nevada hiriendo la garganta.
Breve trono y su instante destronado
tiemblan al silbo si suave se levanta.

Más que sombra, que infante desvelado,
la armadura del cielo que nos canta
su aria sin sonido, su son deslavazado
maraña ilusa contra el viento anda.

Lento se cae el paredón del sueño;
dulce costumbre de este incierto paso;
grita y se destruyen sus escalas.

Ya el viento navega a nuevo vaso
y sombras buscan deseado dueño.
¿Y si al morir no nos acuden alas?

IV

Pero sí acudirás; allí te veo,
ola tras ola, manto dominado,
que viene a invitarme a lo que creo:
mi Paraíso y tu Verbo, el encarnado.

En ramas de cerezo buen recreo,
o en cestillos de mimbre gobernado;
en tan despierto tránsito lo feo
se irá tornando en rostro del Amado.

El alfiler se bañará en la rosa,
sueño será el aroma y su sentido,
hastío el aire que al jinete mueve.

El árbol bajará dicción hermosa,
la muerte dejará de ser sonido.
Tu sombra hará la eternidad más breve.

Ordenanza del marqués de Acapulco

En edad, flor o ciudad de pocos conocida,
pues por allí calzó el viento grave llama,
orden de muerte a bien cifrada herida
toca, se acerca astuta, burla y clama:

La que de pronto cierra su proclama
leída es al revés, y pausa a la medida,
pues sobre el muro clama y reclama
cifras de ecuestre hoja a nueva vida.

Yo no veía y el Marqués sangraba
dulces secretos de invisible flora,
y es su desdoble en lo que pasaba.

Forrando su jazmín la muerte acrece.
Una mitad, la tierra inclina y llora.
Otra, en nueva cita inclina, y resplandece.

Comienzo del humo

Corolas del otoño el humo comenzando
alas y muertes si la mano empieza
a imponer cuidados, a doblar abejas,
abejas en pañuelo de agua dura.

Silbido, flecha hacia atrás, batiente
se apresura o se duerme tan furiosamente
que la espalda interpreta su plumaje:
prendida escarcha que hacia el labio vuelve.

La frase vana vuelve y se concierta
al pañuelo herido si la abeja cruje.
El humo letargo del contorno, el labio reluciente.

Oh, ya la nieve recobra las hilachas amarillas.
Y las manos ciñendo el aire impuro, el labio ciego,
las lunas olvidadas: inmóvil abeja cae.

Primera luz

Primera luz de una ceniza atarte
al borrado principio que nos lleva
—fino aliento extendido como seda—,
galopando al espejo donde recobrarte.

Último desdén que sus cenizas nieva,
nacido ya el abismo de olvidarte,
si frío el recuerdo escaso veda
el mínimo paladeo de nombrarte.

La igual destreza de su entendimiento,
la madurez en su compás se vierte.
Huraño reptil la cola del viento

y el guiño del diamante se divierte
sin destruirse en su incesante envío,
yerto en su luz de oscuro desafío.

Su sueño toca

Traste de ámbar por su sueño toca
y tiene en dura corona regodeo.
Botacillas, a lebrel y pájaro convoca
dulce verano de pinta y festoneo.

La hoja de oro, de tu cielo gota,
trocada en nuevo sueño deletreo.
En esa altiva hoja pronto agota
las minas de malva y errante paladeo.

Por dondequiera, en hojas, tu albedrío,
hasta en el mar creciendo tu corona
y en cada hoja la estación de gloria

abre un castillo al ciervo del estío.
Y el más celeste junio vuelve y perdona
llamas al viento, nieve a la memoria.

Melodía

Melodía de la sombra penetra la dureza
de la piel acompañante y ya me pide
un anhelar pasivo que la incline
al borde níveo donde el aire empieza.

Dulce secreto la gaviota o ya se afine
la sombra que extendía la pereza
de la piel, negando que al irse se desligue
de la sonrisa en que muere su destreza.

No es melodía ni fuga en la marina
onda rota que recuerda el sueño salpicado
de pluma y pleamar en piel que el aire olvida.

Corvo vidrio en la mano destrenzado.
Frío dardo cayendo más afina
el humo hacia la flauta y olvido deseado.

Vuelta del aire

Nuevo nácar recurva a nuevo frío.
Húmedas cenizas al vientre de la nube,
dulce riesgo navega su desvío.
¿Soplada torre la frente sube

desterrando al recuerdo en desvarío?
Unido al jinete que más huye
el recuerdo, pañuelo por el río,
o vagaroso doncel que restituye

cierzo al espejo y a la nube olvido.
Escamas alisando su sonido
entre fronda y perfil del lento

tumulto que rechina en la neblina.
Desterrado se afirma y más sediento
o el aire devuelve lo que afina.

No ya el otoño

No ya el otoño sin cesar termina
al abrigo de un cielo en que no sigo
sino al alcance de rondar contigo
su frente que saltando inclina.

Doblado en surtidor de ángeles empina
el marfil de brisas al postigo,
despertando nuevamente en lo que digo
o se remoja al cielo que camina.

Amarillez de manos entre tibias sierpes
por el aciago labio desleídas
todas las veces de su andar bruñido.

Hostilizado ámbar ya escindido,
rumor de abejas entre peines viertes:
el río de su sombra me ha perdido.

Espuelas

Espuelas y abejas flechan la alborada,
orillas del hastío en halos de sinfines.
Muslos y conchitas desligaba
en la cárcel sin red de los delfines.

Rezagos de la seda la tarde silbaba
demorados desvíos en confines
de suerte para el fresno si helaba
tizne en las plumas, fiesta en los patines.

Espejo impar intacto crecía
en la juncia sin garza de la orilla
que doble suma de bañistas encendía.

Grave sobre el borde de sí mismo extendido
en la carne del espejo rebrilla
ya dueño de su rostro, ya extendido.

Fácil sueño

Largos pájaros blancos en su mano enguantada
de nombres cabales y dobles hojas de miel.
Su peluca de algas, su cintura enastada.
Su ausencia: desfile de un blancor de papel.

Se ha ido, su presencia, un silbido,
le anuncia por los aires quemados.
En la sombra, lenta mana su latido.
En el sueño, define sus muslos enjaulados.

Oh qué zumbido se posa en mis oídos algodonados
cuando nos golpean sus nieves invitadas
a la pleamar hinchada de peces mantecados.

Rompiéronla sin frío, extendidas dos nalgadas
entre Preciosa y su lebrel. Es el sueño, cansados
se tienden al agredir doncellas despreciadas.

Llovida

Llovida, anudada en metal o cuitada
en el sereno confiar que la deshace,
va creando su primera y única mirada
—nieve su suerte—, muerte que complace.

Ya en la garganta, recta y deletreada,
voz no le advierte ayer no dividida.
Tocada huella es columna adormecida
y sonrojo la niebla en mano no escanciada.

Si su escala es borrosa, aire en punto
por metáfora y viento contrapunto
que persigue su aliento y no lo toca.

Si lo toca se apresura la rosa, en el fruto
y por cadalso en la ascensión ya brota
líquida forma, mas su ausencia culpo.

Breve sueño

Códice el aire en su miniado pliego
alarga en derechura —sueño o suerte—
su contorno de plumas, que convierte
manso cielo, a mi gozo azul y juego.

Ámbito ya sin fin de plumas ciego
y caído en cenizas, llamas vierte,
hasta el vestigio de una sola muerte,
y hasta lo dulce de tan breve fuego.

Frente nevada, mano aljofarada
son al destierro y a la cifra leve
puñados si de nube alcanforada,

risa o pecera, ejemplos de lo breve.
Costumbre en ceniza meditada,
cuajada en extensión de trigo y nieve.

Pez nocturno

La oscura lucha con el pez concluye;
su boca finge de la noche orilla.
Las escamas enciende, solo brilla
aquella plata que de pronto huye.

Hojosa plata la noche reconstruye
sus agallas, caverna de luz amarilla
en coágulos de fango se zambulle.
Frío el ojo del pez nos maravilla.

Un temblor y la mirada extiende
su podredumbre, lo que comprende
ligera aísla de lo que acapara.

Aquel fanal se pierde y se persigue.
La espuma de su sueño no consigue
reconstruir la línea que saltara.

Ahora que estoy

Ahora que estoy, golpeo, no me siento,
rompo de nuevo la armadura hendida,
empiezo falseando mi lamento,
concluyo durmiéndome en la herida,

que no en mí, en la pared, procura el viento,
y no es mi herida, si la luz perdida
procura ironizar el firmamento
o se recuesta en la cometa huida.

Cínico lebrel, gamo biselado,
de la Luna soporto la blandura,
no su misterioso río de leche.

Me aduermo, que la sombra fleche
lo que es mi ser y lo que está flechado,
golpe o bostezo, luz o sombra quemadura.

Cifra de muerte

Lo coronó con números la muerte
y amenazas de grieta la alborada
de la pluma, verde y fácil, espejada
en el rincón que pájaros divierte.

En su infinito pedernal advierte
luz insolente, fuego que no es nada.
El paisaje del ave le convierte
a la pausa sin gesto por cansada.

Una mitad desvela, y otra mitad
—farol, puente celoso y agua rebotante—
cambia sus caballos, viene de muy lejos,

pues de la nada, crujiendo, caerá
la flecha que viene más distante
y el rocío que sudan los espejos.

Último deseo

De la fe que de la nada brota
y de la nada que en la fe hace espino,
ileso salto de mágica pelota
que paga en sangre el buen camino.

Y si rebota más, solo nos toca
al desempedrar los bordes del destino,
la mágica epidermis que rebota
en el coral de un arenal divino.

En el murmullo de pinos siderales
las nubes a bien medido engaño
del cuerpo, flor del viejo espacio.

Previa al no ser envía sus cristales
a la ciudad de amanecer extraño,
y sigue hilando sus nubes muy despacio.

A santa Teresa sacando unos idolillos

...por hacerme placer, me vino a dar el idolillo, el cual
hice echar luego en un río.
Santa Teresa: *Vida*

Los ídolos de cobre sobre el río
pusiste en obra del amor llagado.
Su casta fuera, redoble enamorado
tuerce la mueca de inhumano brío.

Cuando la imagen balbuciente al frío
lastima su rostro, espejo despreciado,
y demonio alado disfraza el poderío
que es menester para no ser penado.

Navega el ídolo y no se cierra,
flor especial en noche eterna crece,
cerca al rocío, ángel de la tierra.

Y así en enojos al barro se decrece.
Solo el fuego libera si se encierra
y sin buscar el fuego, palidece.

Invisible rumor

I

Cuando en el cielo despojado asoma,
danzando en el abismo de la altura
que borra en el fruto la figura
que forman los sentidos de su aroma.

Ola deshecha y breve en la redoma,
iluso imperio de su mano impura,
despego, fuego domado, blancura
de un mar finito sus cenizas doma.

Por el olor del fruto detenido
las manos elaboran un sentido
que reconstruye la sonrisa inerte.

Así la flecha sus silencios mueve,
ciega buscando en la extensión de nieve
su propia estela como fruto y muerte.

II

Flecha y distancia sueñan su rumor.
Blando rocío cayendo hasta la seda,
luz medialuna de un nuevo dolor
que su silencio magistral nos veda.

En su articulación tan blanda queda
lenta la sombra del río burlador

del cielo que en propia muerte nieva,
embriaguez del propio escanciador.

No es lo que pasa y que sin voz resuena.
No es lo que cae sin trampa y sin figura,
sino lo que cae atrás, a propia sombra.

El pecado sin culpa, eterna pena
que acompaña y desluce la amargura
de lo que cae, pero que nadie nombra.

III

Como el amor si el tiempo lo detiene
apresura su sueño en dulce espera,
o cumpliendo su fruto solo viene
a su forma, y de nuevo desespera.

Indiferente al signo adviene
aunque incesante sus deseos ardiera,
pues cuando ya el fuego le enajene,
danza en la sombra, desapareciera.

Oh tú impedido, sombra sobre el muro,
solo contemplas roto mi silencio
y la confusa flora de mi desarmonía.

Yerto rumor si la unidad maduro,
nuevo rumor sin fin solo presencio
lo que en oscuros jirones desafía.

IV

Desdicha de la luz la voz se alzaba
embistiendo mi escasa negativa,
que cuando más el ceño se negaba,
más huellas de la oscura fugitiva.

Como la pluma en su don furtiva
caía en el plomo que quemaba,
y así la voz, potencia muy unitiva,
en el fuego también está sumada.

Curvas voces y sumadas, vocerío,
abejas de apariencia y desvarío;
un extraño silbo se detiene.

Que cuanto más las voces se destruyen,
ondas de vihuelas restituyen
y el extraño silbo se mantiene.

V

Si con tus cautelas solo muerte,
logras ver la confusión de tu ser,
ya que perdida forma, queda inerte
la nada: medusa, cero su poder.

Si nube de un bostezo comprenderte,
o como reino de nube solo arder
donde extendido hastío solo advierte
la confusión vacía del acaecer.

Ilusa cisterna del entendimiento:
linfa es la forma que no fluye
discurso que misterioso restituye.

Otoño en dulces pasos prevalece
en ese mundo que no suma ni decrece
la embriaguez viciosa del conocimiento.

VI

La selva hizo navegar, y el viento al cáñamo en sus
velas respetaba.
Quevedo

Cubre de nieve solícita figura
que alada medianoche esplende.
Negro festón, granada que se tiende,
como un astro en su fría luz impura.

Cansado el aire su esbeltez procura
en el cobre del halo que desprende,
pues si cáñamo de cobre es atadura,
la cabellera como cordel extiende.

Calza la sombra en la figura, dormía
más allá de los brazos, atanor
el aliento, las nubes, las pisadas,

ya que con luz violada desafía
el sonido miniado en las nevadas
y el rostro huido en frío rumor.

III. Único rumor

Fiesta callada

I

Es el secreto poner dos dedos en la bola de cristal.
Sortijas que se derriten porque los oidores
clavan juncos para apuntalar la monarquía
destruida por el granizo indivisible, golpeada por el bambú
suspirado, franjas de frentes destacan sus graciosas elegías.
El verdadero rey forma la estatua del humo
para colocarla en el recodo más frío de la perfección
caída y vuelta a levantar, ya nada entre márgenes
sueltas que le persiguen y no le invaden;
le ciegan y le despiertan por la mañana
creyendo que es cobardía llamarse Nadie como Ulises.
La ordenación o clasificación impensada:
hacen escuadras los delfines,
las pamelas tropiezan en las puertas del cine
y los cisnes se han esclavizado voluntariamente para ofrecer un
  simulacro de espumas.
Solimán piensa en la sombrilla abandonada en una planicie,
pero el chopo se abría en un sombrero o en un jardín
y el sabio saludaba con una gran mariposa blanca.

II

La costumbre puede ser la mesa de nube y marfil donde soplan
  sus ondulantes
chismes los oidores, ella nos hace sentir las profecías.
El que juega pierde, el que no duerme esperando nueve meses
también pierde, y si pasan las banderas,

y si los malayos siembran en el río,
y si los ciegos amansan las inundaciones,
seguirán hablando de la elegancia y de la fuerza,
de las fresas robadas y de la mano guardada
en la urna de la categoría sensible, de cartón y de nieve,
de pecho redoblante, de mordidas armaduras salobres,
y si pasan las banderas, parará su máquina o seguirá cantándole
  a la lotería.
Los peces de noche no dejarán pasar ningún navío,
cazadoras agujas con sus lunas.
Cuando vendan peces las doncellas
se llegarán a oprimir en las puertas
si han abandonado la idea de saber la hora por los encogimientos
de las arenas, por los pasos que formarán el sentido
de creer que la unidad mojada en vino sanguinoso
surgía de Nemósine, dulce y exacta,
sentada en su corte de ardillas blancas y nueces talismánicas.
El trampolín es eficaz y puede ser vistoso.
El anillo se presentará para unir los sexos o para enseñar los
  dientes de su redondez
y tendremos un circo ensangrentado o un día de lluvia.
El día de la lluvia en las arpas engendra las cabelleras.
Los mercaderes saben que ha de llegar la princesa agraciada,
regalando pestañas, mirando fijamente.
La ordenación será el roce social.
Viva red crecida servirá de vitrina a los cuerpos tachados.
Inadvertidos cometas y chispas en los acantilados
suenan sus alamedas robadas, sus bifrontes injurias
de corceles marinos en el aire reclaman,
en el agua rebotan, se apresuran gimiendo.
El agua que caía dentro del anillo robado
buscaba una playa de muslos,

recoge con el oído la temperatura del agua.
El revés de la sombra no es el cuerpo ante el agua,
donde los ciervos han huido del paisaje,
helado jardín persiguiendo una rosa
hasta la terraza donde los turistas no quieren pagar.
Los pajes, los comunistas y los sultanes
han desfilado provocando la inclinación de las banderas y el
   voceo de los periódicos.

III

El problema de la cuaresma del ruiseñor está ya alegremente
   resuelto.
Si canta bien, golpea; si canta mal, estalla.
Nemósine y Júpiter no salen por las ventanas,
pero su única hazaña es deslizarse por las murallas
sin manchas y entregar el flautido cerrado como carta.
El ruiseñor en cuaresma vive frente a las ventanas.
Lunares, monstruos y cohetes,
el estallido de las salutaciones galantes,
son meras riquezas paradojales en el derretido discurso de los
   cisnes.
Se habrán caído todas las manos
como el jamás especial de los ríos,
cuando la Luna se fija para el duelo de los periodistas,
como las abejas que recorren las estatuas
y saben que tienen que ir a morir a un biombo.
Su juego de abstracción aislará la rosa de la terraza,
hundirá al ruiseñor en trapos morados,
los cisnes serán excesivamente crueles, vivirán después de
   Nemósine
y Júpiter, entregarán el plumaje por el espejo mentido,

por ilustres mareos o la vida mentida en los ojos de las cigüeñas.
Ya no hay más que empezar a contar para sentir la alegría final,
si empieza con un paseo acaba con una medición.
Los oidores sollozan ante el follaje de las paradojas,
su mesa de marfil, la crema de los colores llorosos.
Como si se separara un día de otro
—dócil jardín y el reposo del agua,
preclaro pecho de bocina y de miel—
se acuesta su trabajo en el cielo
para establecer definitivamente el campamento de los cisnes.

Cuerpo, caballos

I

Cuando el chorro de la respiración, entre una escala de voces
  amansadas,
iba a fijarse en el centro del cuerpo glorioso.
Cuando la oscuridad se paseaba sigilosamente
por el cuerpo verde de los árboles y por el cuerpo blanco de los
  hombres.
Cuando los ojos describían círculos voladores, ardientes esferas,
y al alejarse se perdían en un túnel que crujía
y al acercarse esperaban que las manos les despertasen
de estas nieves que laten olvidándose que se agitan las
  despedidas,
que los pájaros morían contorsionados envueltos en la misma
  sombra
que lamía los cuerpos que esperaban la dulzura de las miradas.
Cuando la sangre olvidada de los pasajeros más dormidos,
de los más frutecidos ocios, quemaba las oscilaciones del cuerpo
ante el espejo cerrado y la desnudez más ciega gozaba
las noches empujadas por una mano inmóvil.
Cuando el misterio o la marcha de las tortugas no aúlla,
pero se vuelve blanco, como el hilo blanco que separa los labios
de la piel, como el cuerpo cuando es traspasado por el Sol,
señalando cada uno de sus peligros y de sus islas fragantes,
como el pájaro que gira hasta morir en el centro del reloj...
Su cuerpo fosforado, olvidado de la arribada de la niebla
  metálica,
de la mano mordida dentro del agua, de los ojos que azulean
  cerrados,

la plumada sombra que paseaba olvidando su cuerpo fosforado y
   dorado.
Olvidado también de su cuerpo escapado de otro cuerpo más
   antiguo.
Fosforado como el voltear de los ojos, dorado como el más
   antiguo cuerpo fosforado. Fosforado y dorado hastío, las
   plumas
que se desprenden de los planetas cansados y las manos que
   borran
las letras que no se han escrito en las paredes. Ay, ay, y este
   cuerpo
extendido en el aire, olvidado de ti, vendrá cayendo de los
   planetas
más dormidos hasta el fondo rapidísimo, verdinegro del estanque
   sin recuerdos,
sin acariciable cuerpo que detenga el mustio oleaje de tus
   suspiros,
sin sombra que ajuste tu cuerpo a la destreza del ojo acariciado
por la espalda musgosa donde asoma el latido que no se oye,
que no se oye, pero que viene a rebotar contra el cuerpo dorado,
que va bruñendo y destruyendo las caderas sueltas en la cárcel del
   sueño,
aprisionando el cuello de un caballo enterrado, intocable, hasta
   enseñar el belfo pellizcado, el donaire o la mirada de desprecio
sobre el marinero nadando a los pies de un castillo
o el hilo de ojos que el aire suelta en flechas
quemadas en esta pradera donde los caballos adolescentes han
   roto sus belfos al borde de las fuentes para redimir a la tierra
y olvidar que mañana despertarán resucitados
sin que las mecanógrafas asciendan hasta el lugar donde las
   palomas
dormían olvidadas que los caballos heridos fijen sus ojos espumas

sobre esta piel flechas de los acechos tan peces que en las mareas
no encuentran para dormir esta playa, para escanciar penetrado
de este silbido tan lento que ha arañado este sueño tan inútil si ya
los ojos han volteado esta espuma para afirmar que pesan más
   que los labios
y las cabelleras se escapan de los frontones para nadar
   silenciosas.
El caballo Ritra o Dicoglioneonorester huele mis manos tan
   lentamente
y la respiración subterránea rebota contra el más antiguo de mis
   cuerpos.

II

El peso de sus manos, sus uñas pesadas le obligan a dejar caer las
   manos
que buscan la mariposa cuyo centro está en la nariz,
y las dos alas reposan sobre ambos lados de la cara seca y
   olvidada,
aunque el lado derecho es el que ostenta el ojo azul, el que olvida
   los pensamientos
y el que resguarda el perfil de la adherencia total de las alas de la
   mariposa.
El insecto que chilla contra los dientes cuando se agita el
   Macareuptóptero
y el caballo Ritra está dispuesto a taladrar el fuego,
a seguir los pasos del hombre ciego. Los ojos
se bañan en las cabelleras flotantes sobre las olas hasta que las
   seque el Sol.
El Sol en la flecha, en las arrugas
de la piel reluciente de los caballos. Los dientes mascando los
   insectos

y los insectos que quieren ser aplastados por los dientes.
La amistad del Macareuptóptero y el caballo Ritra.
El zumbido de río viejo del insecto aplastado por la mano rápida
que niega que el insecto pueda asomar la cabeza por las ventanas
que huelen a cristal detenido para siempre, eternamente
prendido al cristal que gira por encima del fuego,
que detiene los cambios de las mareas, la fijeza de las miradas
del hombre obligado a caminar el mismo corredor y caminando
  tranquilamente
más allá del ruido del baile, del doblegado nácar,
regado acaso por la saliva para apresurar su crecimiento y olvidar
sus adioses tiernos como la madera acabada de insultar, tierno
como el agua que sacada del río de los dioses viene a morir en
  agua verde de fábula y de diosas abandonadas al doblar la
  esquina.
Se te quemaron las manos. No tenemos agua ni ganas de olvidar.
Ni ganas de amar si el aire no es agradable.
Si no es agradable la mirada del gato incendiado.
La rosa en su charolada simetría de metal nuevo muy despierto,
mientras la linterna se arrastra por el desierto.
¿Por qué se apresurarán los minutos para que el vaso se derrame
y tú eches el agua verde por las narices?
Ya el río pasa zumbando de la mano a la mano,
y se va estrechando hasta zumbar en el sueño de la sien derecha a
  la izquierda, clamando por una mano que me seque el sudor,
por una hoja nueva donde pueda apoyar la sien,
y sobre todo que detenga el paseo de la linterna por el desierto
o por el límite frío de la cárcel de mis manos que están en la
  parte más verde de la hoja, de la hoja donde puedan navegar
  más finamente mi sien, mis labios, las espigas movedizas.
Ya tengo el río entre mis dos manos
y veo la linterna sobre el detalle de mi cuerpo,

sobre el caballo Ritra, sobre cada uno de mis movimientos
   heridos.
El caballo con una espina de acero en la lengua pasa chillando
con un flechazo en las caderas.
El ojo verde de la linterna sigue buscando por el desierto y mi
   sien apoyada en la hoja verde se duerme dentro del río.
El pez con un ojo cerrado mira fijamente el paso de la linterna
   por el desierto. Sin embargo nadie ha dicho que la hoja verde
   sea una concha.
Nadie ha dicho que el pez se emocione.
Nadie ha dicho que la concha sea una hoja verde.

Aislada ópera

Las óperas para siempre sonreirán en las azoteas
entre las muertas noches sin olvidos marinos.
En la aldea de techos bajos los gamos amanecen cantando,
como niños profusos que vuelan por los recuerdos.

El tapiz que leías en las esperas de las manos coloreadas,
de las voces rodadas hasta perderse por las espaldas,
de los fríos dormidos sin nubes, sin escudo, sin senos escamosos,
sin los antifaces robados en la cámara de los venenos.

Recordado tapiz, enjoyado por los donceles madrugadores,
  saltando entre banderas con la cara quemada de los bandoleros,
con los guitarreros que les llevan agua a los caballos
y con las dormidas anémonas falsas de la mujer despreciada.
En las endurecidas endechas de las azoteas
que borraban las noches notariales
que si se abrían sobre la muerte, pestañas y peinecillos
grises del estanque recurvaban como un barco amarillo.

Para qué poner las manos en el estanque si existen las heridas de
  mármol,
si existen los años que se tienden como el morir del marfil en los
  pianos,
o del que vive separando el hastío de las armadas quejumbrosas,
del galope de un corcel ciego que come en las azoteas.

Para qué redondear la nieve de los brazos de la ruina moral si los
   corales tiernos han de acudir a la cita de las cuchilladas
y los infantes han de remar al borde de los suspiros
que envían sus olas sobre un gran perro flechado.

Las joyerías que salvarán sus vidas,
sus preciosas vidas de cristal detenido y mariposas contadas,
   brillarán sintiendo sus pecados doloridos tocarse en el lamento
   o el insulto
con las oscuras caracolas recostadas en una mano tirada al fuego.

La noche perezosa despertará para recoger las playas
olvidadas junto a un sonámbulo que mira a todas partes sin
   odios.
El peine que adelgaza oyendo a las sirenas sus gritos entumidos
puede separar la aguja de la amistad de los espejos mal llorados.

Oh los bordes tan negros para las manos que se perderán en el
   río,
que no podrán reconstruir la estatua de la mujer apagada
por las prisas de la mandolina sumergida hasta el talle del clavel,
errante en un mercado de matemáticos japoneses.

Las prisas se tenderán en un equilibrio de gaviotas
sobre las pestañas o viva red de las inexactitudes
que han de gritar a las gaviotas paseando sobre techos de zinc y
   cabelleras
teñidas y seguir aburridas sobre el mar apagado para el arco de la
   viola.

Al brillar la malaria sanará el oído.
Quedaré escondido en el ojo de los naipes raptados,

ante una voz que anunciarán las samaritanas o las salamandras
  presas
en el temor de una muralla bordada de pobreza elegante.

Quedaré detenido ante el temor de incendiar las alfombras,
pero resultará un juego de manos y un itinerario de ajedrez
  encerrado
por el atardecer que palidece ante una colección de fresas
que en ruido de vitrinas al borde de los labios deshacen sus
  cristales.

Oh, cómo manchan el paso tardío de los mandarines iletrados,
cómo despiertan entorpecidos los faisanes.
La invasión de las aguas se va tendiendo en pesadillas
sin despertar al escalar el surtidor o fijar un lucero.

En un solo pie, despierto en ruidos postreros de vuelos
  entornados,
quedaré en una gruta recorriendo la precisión de las tarjetas
  polares,
despertado por los timbres ocultos y por el ruiseñor
que despierta para bruñir sus pesadas canciones.

Pero allí un momento, un solo momento entre el adiós y el
  tálamo.
Un momento de siglos que tardaré en desnudarme,
en quedarme hasta oír los pasos que van a romper el cántaro.
Quedaré entre el tálamo y el ruido del arco.

Por el cielo de ahora los toros blancos pasan con un muslo
  vendado.

Quedaré cosiendo insectos, despertado inseguro entre el tálamo y
   el ruido del arco.
¿Para qué habrá largas procesiones de marquesas
si la traición de la Luna nieva un largo bostezo?

Una amapola sangra las manos al coger un insecto
entornado en el hueco que han dejado los recuerdos.
Si el surtidor se aísla y las amapolas ruedan,
los niños con el costado hundido continuarán rompiendo todos
   los clavicordios.
¿Para qué habré venido esta noche?

Doble desliz, sediento

El desliz que comprende su figura
en nuevo centro y en esfera nueva.
Doble desliz, sediento,
mueve en las paredes sus números
de recuerdo eficaz y bienvenido.
De nuevo borro aquellas letras
del convite con que amanecía
a nuevas nubes y a dulcificada
rueda de tortura.
¿Dónde se aposentaban sus misterios,
sus noches dobles y sus colecciones
de ídolos perpetuos?
La rueda de poderosa nube imperial
y el tornillo que en espesas
espaldas ya nada o golpea.
Y el tornillo que rompe en dos los mares:
los poderosos dioses borradores
y el presagio que toca y persigue.
Rueda la nube por debajo del sueño
y allí acomete nuevos reinos
de apenas pronunciada melodía.
Después del cordero sin preguntas,
recién nacido en amansada plata,
los reinos del carbón, los vaporosos
paraísos sin proporción y sin justicia.
Los que olvidan que la elegancia,
gamo nutrido de rocío o pulpa de nieve
cortesana, es el ser inminente que penetra
en la nube central, cuerpo de almendra:

celeste dignidad del fuego en fuga.
Yo me escapaba de esa tierra hinchada,
sediento Marco Polo entre carbunclos,
aseguraba el confín del sueño vago.
Y creía alcanzar entre las rocas de oro,
el pez aún casi dormido y separado
—única especie de un metal viviente—,
de la noche y su sombra bailadora.
Allí en las flautas, la nueva maldición
y la nueva ciudad del cuerpo airado,
los puentes oscuros, donde animales de canela
rompen en la noche colecciones de porcelana.
Allí abierta la hora en que la flor
asimila hasta el insecto y agrupa,
largas pirámides de rocío,
el zumbido que engendró el clavel.

Cayendo y tocando, zumbido presagioso,
extensa columna de fuego estremecido,
retrocede, hínchate, solloza el balbuceo,
te clama la ternura del agua y sus guirnaldas.
Y las ninfas entre el agua y lo oscuro,
sus manteles con gracia y son revierten,
sus cabellos eternos frente al espejo dicen:
defíneme, no es en mis pasos, es en mi estatua
donde el tiempo me muerde y así en las arenas
que caen de mis manos está el tiempo mejor,
único tiempo creador sin su par y no el costado
sangrando hasta el ocaso, sino la frente:
estatua del ciempiés y un solo centro.

La caballería hace un remolino

y se inclinan a vista de las aguas no tocadas
la Luna y el insecto y caballero.
Lo que cae, errante hasta su centro.
Lo desnudo se nutre por sus huellas.
La Luna, sueño doble de Luna acompasada,
va cayendo y tocando las hojas señaladas:
las hojas del almendro en la frente de los enamorados.
Las hojas pintadas por los címbalos del destierro
fabrican la arena y mueven la lluvia.

San Juan de Patmos ante la puerta latina

Su salvación es marina, su verdad de tierra, de agua y de fuego.
El fuego en la última prueba total,
pero antes la paz: los engendros de agua y de tierra.
Roma no se rinde con facilidad, ni recibe por el lado del mar:
su prueba es de aceite, el aceite que mastica las verdades.
El aceite hirviendo que muerde con dientes de madera,
de blanda madera que se pega al cuerpo, como la noche
al perro, o al ave que cae hacia abajo sin fin.
Roma no se fía y su prueba es de aceite hirviendo,
y sus dientes de madera son la madera
mucho tiempo sumergida en el río, blanda y eterna,
como la carne, como el ave apretada hasta que ya no respira.
San Pablo ganaría a Roma, pero la verdad es que San Juan de
  Patmos
ganaría también a Roma.
Ved su marca, su fuego, su ave.
Los ancianos romanos le cortan la cabellera,
quieren que nunca más la forma sea alcanzada,
tampoco el ejemplo de la cabellera y la pleamar de la mañana.
San Juan está fuerte, ha pasado días en el calabozo
y la oscuridad engrandece su frente y las formas del Crucificado.
Ha gozado tanto en el calabozo como en sus lecciones de Éfeso.
El calabozo no es una terrible lección,
sino la contemplación de las formas del Crucificado.
El calabozo y la pérdida de sus cabellos debían de sonarle como
  un río,
pero él, solo es invadido por la ligereza y la gloria del ave.
Cada vez que un hombre salta como la sal de la llama,
cada vez que el aceite hierve para bañar los cuerpos

de los que quieren ver las nuevas formas del Crucificado ¡Gloria!
Ante la Puerta Latina quieren bañar a San Juan de Patmos,
su baño no es el del espejo y el pie que se adelanta,
para recoger como en una concha la temperatura del agua.
No es su baño el del cuerpo remilgado que vacila
entre la tibieza miserable del agua y la fidelidad miserable del
  espejo.
¡Gloria! El agua se ha convertido en un rumor bienaventurado.
No es que San Juan haya vencido el aceite hirviendo:
ese pensamiento no lo asedia, no lo deshonra.
Se ha amigado con el agua, se ha transfundido en la amistad
  omnicomprensiva.
No hay en su rostro el orgullo levísimo, pero sí dice:
Allí donde me amisté con el aceite hirviendo, id y construid una
  pequeña iglesia católica.
Esa iglesia es aún hoy, porque se alza sobre el martirio de San
  Juan:
su prueba la del aceite hirviendo, martirizada su sangre.
Levantad una iglesia donde el martirio encuentre una forma.
Todos los martirios, la comunión de los Santos,
todos a una como órgano, como respiración espesa, como el
  sueño del ave,
como el órgano alzando y masticando, acompañando la voz,
el cuerpo divino comido a un tiempo en la comunión de los
  Santos.
El martirio, todos los martirios, alzando una verdad
  sobrehumana:
el senado consulto no puede declarar sobre la divinidad de los
  dioses.
Solo el martirio, muchos martirios, prueban como la piedra,
  hacia sí, hacia el infierno sin fin.
Los romanos no creían en la romanidad.

Creían que combatían sus pequeños dioses, hablando
de la ajena soberbia, y que aquel Dios era el Uno que excluía,
era el Uno que rechaza la sangre y la substancia de Roma.
La nueva romanidad trataba de apretarse con Roma,
la unidad como un órgano proclamando y alzando.
Pero ellos volvían y decían sobre sus pequeños dioses,
que había que pasar por la Puerta Latina,
que el senado consulto tenía que acordar por mayoría
de ridículos votos que habían llegado nuevos dioses.
Llegaría otra prueba y otra prueba,
pero seguirían reclamando pruebas y otras pruebas.
¿Qué hay que probar cuando llega la noche
y el sueño con su rocío y el rumor que vuelve y abate,
o un rumor satisfecho escondido en las grutas, después en la
  mañana?
En Roma quieren más pruebas de San Juan.
El martirio levantando cada pequeña iglesia católica,
pero ellos seguían: pruebas, pruebas.
Su ridícula petición de pruebas,
pero con mantos sucios y paños tiznados
esconden sus llagas abultadas,
como la espiral del canto del sapo enviada hacia la Luna,
pero le ha de salir al paso el frontón de la piedra,
del escudo, del cuchillo errante que busca las gargantas malditas.
San Juan de nuevo está preso,
y el Monarca en lugar de ocultar el cuadrante y el zodíaco
y las lámparas fálicas que ha hecho grabar en las paredes altivas
ha empezado a decapitar a los senadores romanos,
que llenos de un robusto clasicismo han acordado que ya hay
  dioses nuevos.
San Juan está de nuevo en el calabozo, serenísimo,

como cuando sus lecciones de Éfeso y cuando vio que el óleo
  hirviendo
penetraba en su cuerpo como una concha pintada,
o como un paño que recoge el polvo y la otra mitad
es de sudor y el aire logra tan solo la eternidad de ese paño y
  polvo y sudor.
San Juan pasa del calabozo al destierro, y su madre,
desmayada que fue en una nube,
se acoge a la muerte, y puede estar serena:
el destierro es también otra nube, acaso pasajera.
Y mientras San Juan está en el destierro,
el cuerpo de su madre está escondido en una caverna.
San Juan cree que el destierro es una caverna,
pero es que está sintiendo en una noche invisible
que su madre está en una caverna.
Las pesadillas de la madre insepulta,
escondida en una caverna, no corroen su visión admirable.
Cuando San Juan quiso cortó las ramas de la sombra
  reproducida,
que ya no volverá a saltar en el bastón del Monarca.
Y saltó del destierro a la nube, de la nube bajó a la caverna,
como en la línea de un ave,
como la memoria de un astro húmedo y remontado.
La madre está muerta en la caverna,
pero despide lentas estrellas de un aroma perpetuo.
La nube que trajo a San Juan se va extendiendo por la caverna,
como el órgano que impulsa las nuevas formas del Crucificado.
San Juan no tiembla, apenas mira, pero dice:
Haced en este sitio una pequeña iglesia católica.

Suma de secretos

Pisa Rocío y el Deseo Pálido
en la morada de los dioses líquidos
y de las nubes sueltas
por entre la carne de dulces animales
mortecinos. Saetillas de mar,
pez al rocío de sus medidas extensiones.
Estrella de mar, sonada reciedumbre
de la pasta amorosa de la Luna.
Sonríen, curvan sus espaldas
en los balcones de ese templo yerto,
las estrellas de mar hinchadas de rocío.
No por las rocas que aprietan sus heridas,
sino el rumor de arcilla para el límite
que presagia el saber, la celeste cantidad
de olas necesarias a la tersa visión.
No por las rocas ni el delfín sonando
mal herido, fuera del conocer y el más de amor.
Penetrador rebaño el mar colmado
—ciñe celeste, abraza cadencioso—,
extiende por las rocas tersas tribus
movientes al ocaso de nieve.
Las túnicas y especial firmamento
consagran su eternidad de timbre marinero.
Fruncen sus vidas de pequeñas olas
sopladas por el perverso impulso del oído:
sopla mareas, sopla las torres hacia el sur plomizo.
No es en el límite donde asoma
la agonía del convidado clavel,
ni el ilusorio círculo de garzas

desviste techo a la nieve impura
y corona a las furias sorprendidas.
Lámina de la madera aspiradora,
tumba de la abeja sonrosada.
Por herida y clavel,
elásticas islas de sus poros,
pasa el zumbido y su gotear de plata.
Franjas zumbando su anunciación celeste.
El dolor de la madera aisladora,
su sueño de molusco acariciado.
Las invisibles barcas somnolientas,
menos pesadas que el paso de las nubes
por las espaldas de las aves quietas.
Las invisibles barcas serenizan
la piel de los jardines del estío.
Las sirenas del aire le taladran
y sus entrañas azules bien convidan
a la melodía del arco enrojecido.
Así de la inmovilidad de la marea
a la renunciación de los extensos líquidos,
el aire que es deidad más dividida
le abre los círculos del goce,
donde la vida y el caracol resuenan.
La madera y el aire en su destino,
como la flecha su rumor colmando.
Flotando en la marea no soplada
la levedad de ese polvillo inerte
dora las manos en el peine mustias.
Nadie crece, tal vez golpea
la misma voz desenfrenada y vana.
El mismo estribillo de diamante
muestra el mismo cuello con la misma nieve.

Y la morena gloria de ese gesto
olvida los trabajos lentos de mil cántaros
y los sueños que impulsan remadores
sus flotas de garzas a la muerte.
Las hebras que el viento justifican,
sus dulces proclamas esparciendo,
junto a la gruta que una sola voz
resguarda. En sus nocturnos labios
se detiene la orquesta de músicos dormidos
y la flor de la nación nevada.
Como apretarse de árboles corales
y extenderse de líneas y vihuelas marinas,
por encima del aire y la madera,
siento a la muerte y su escasez de ruidos,
el mar creciendo y rostros sumergidos.
Siento a la muerte y a sus furias suaves
tocar el aire y extender las formas.
Su cortesía de diosa giradora siento.
Y la tierra y el mar lentos creciendo
en cúpula y sonidos implacables.
Y prolongar las formas que la burlan
en medio de la negada nieve eternizada.

Noche insular: jardines invisibles

Más que lebrel, ligero y dividido
al esparcir su dulce acometida,
los miembros suyos, anillos y fragmentos,
ruedan, desobediente son,
al tiempo enemistado.
Su vago verde gira
en la estación más leve del rocío
que no revela el cuerpo
su oscura caja de cristales.
El mundo suave despereza
su casta acometida,
y los hombres contados y furiosos,
como animales de unidad ruinosa,
dulcemente peinados, sobre nubes.

Cantidades rosadas de ventanas
crecidas en estío,
no preguntan, ni endulzan ni enamoran,
ni sus posibles sueños divinizan
los números hinchados, hipogrifos
que adormecen sonámbulas tijeras,
blancas guedejas de guitarras,
caballos que la lluvia ciñe
de llaves breves y de llamas suaves.

Lenta y maestra la ventana al fuego,
en la extensión más ciega del imperio,
vuelve tocando el sigiloso juego
del arenado timbre de las jarras.

No podrá hinchar a las campanas
la rica tela de su pesadumbre,
y su duro tesón, tienda
con los grotescos signos del destierro,
como estatua por ríos conducida,
disolviéndose va, ciega labrándose,
o ironizando sus préstamos de gloria.

El halcón que el agua no acorrala,
extiende su amarillo helado,
su rumor de pronto despertado
como el rocío que borra las pisadas
y agranda los signos manuales
del hastío, la ira y el desdén.
Justa la seriedad del agua arrebatada,
sus pasiones ganando su recreo.
Su rumor nadando por el techo
de la mansión siniestra agujereada.

Ofreciendo a la brisa sus torneos,
el halcón remueve la ofrenda de su llama,
su amarillo helado.
Mudo, cerrado huerto
donde la cifra empieza el desvarío.
Oh cautelosa, diosa mía del mar,
tus silenciosas grutas abandona,
llueve en todas las grutas tus silencios
que la nieve derrite suavemente
como la flor por el sueño invadida.
Oh flor rota, escama dolorida,
envolturas de crujidos lentísimos,
en vuestros mundos de pasión alterada,

quedad como la sombra que al cuerpo
abandonando se entretiene eternamente
entre el río y el eco.

Verdes insectos portando sus fanales
se pierden en la voraz linterna silenciosa.
Cenizas, donceles de rencor apagado,
sus dolorosos silencios, sus errantes
espirales de ceniza y de cieno,
pierden suavemente entregados
en escamas y en frente acariciada.
Aún sin existir el marfil dignifica
el cansancio como los cuadrados negros
de un cielo ligero.
La esbeltez eterna del gamo
suena sus flautas invisibles,
como el insecto de suciedad verdeoro.
El agua con sus piernas escuetas
piensa entre rocas sencillas,
y se abraza con el humo siniestro
que crece sin sonido.
Joven amargo, oh cautelosa,
en tus jardines de humedad conocida
trocado en ciervo el joven
que de noche arrancaba las flores
con sus balanzas para el agua nocturna.
Escarcha envolvente su gemido.
Tú, el seductor, airado can
de liviana llama entretejido,
perro de llamas y maldito,
entre rocas nevadas y frentes de desazón
verdinegra, suavemente paseando.

Tocando en lentas gotas dulces
la piel deshecha en remolinos humeantes.

La misma pequeñez de la luz
adivina los más lejanos rostros.
La luz vendrá mansa y trenzando
el aire con el agua apenas recordada.
Aún el surtidor sin su espada ligera.
Brevedad de esta luz, delicadeza suma.
En tus palacios de cúpulas rodadas,
los jardines y su gravedad de húmeda orquesta
respiran con el plumón de viajeros pintados.
Perdidos en las ciudades marinas
los corceles suspiran acariciadas definiciones,
ciegos portadores de limones y almejas.
No es en vuestros cordajes de morados violines
donde la noche golpea.
Inadvertidas nubes y el hombre invisible,
jardines lentamente iniciando
el débil ruiseñor hilando los carbunclos
de la entreabierta siesta
y el parado río de la muerte.

La mar violeta añora el nacimiento de los dioses,
ya que nacer es aquí una fiesta innombrable,
un redoble de cortejos y tritones reinando.
La mar inmóvil y el aire sin sus aves,
dulce horror el nacimiento de la ciudad
apenas recordada.
Las uvas y el caracol de escritura sombría
contemplan desfilar prisioneros
en sus paseos de límites siniestros,

pintados efebos en su lejano ruido,
ángeles mustios tras sus flautas,
brevemente sonando sus cadenas.

Entrad desnudos en vuestros lechos marmóreos.
Vivid y recordad como los viajeros pintados,
ciudades giratorias, líquidos jardines verdinegros,
mar envolvente, violeta, luz apresada,
delicadeza suma, aire gracioso, ligero,
como los animales de sueño irreemplazable,
¿o acaso como angélico jinete de la luz
prefieres habitar el canto desprendido
de la nube increada nadando en el espejo,
o del invisible rostro que mora entre el peine y el lago?

La luz grata,
penetradora de los cuerpos bruñidos,
cristal que el fuego fortalece,
envía sus agradables sumas de rocío.
En esos mundos blandos el hombre despereza,
como el rocío del que parten corceles,
extiende el jazmín y las nubes bosteza.
Dioses si no ordenan, olvidan,
separan el rocío del verdor mortecino.
Pero la última noche venerable
guardaba al pez arrastrado, su agonía
de agujas carmesíes,
como marinero de blandas cenizas
y altivez rosada.

Entre tubos de vidrio o girasol
disminuye su cielo despedido,

su lengua apuntadora
de canarios y antílopes cifrados,
con dulces marcas y avisado cuello.

Sus breves conductas redoradas
por colecciones de sedientas fresas,
porcelana o bambú, signo de grulla
relamida, ave llama, gualda,
ave mojada, brevemente mecida.
Jardines de laca limitados
por el cielo que pinta
lo que la mano dulcemente borra.
Noble medida del tiempo acariciado.
En su son durmiente las horas revolaban
y palomas y arenas lo cubrían.

Una caricia de ese eterno musgo,
mansas caderas de ese suave oleaje,
el planeta lejano las gobierna
con su aliento de plata acompañante.
Álzase en el coro la voz reclamada.
Trencen las ninfas la muerte y la gracia
que diminuto rocío al dios se ofrecen.
Dance la luz ocultando su rostro.
Y vuelvan crepúsculos y flautas
dividiendo en el aire sus sonrisas.
Iníncianse los címbalos y ahuyentan
oscuros animales de frente lloviznada;
a la noche mintiendo inexpresiva
groseros animales sentados en la piedra,
robustos candelabros y cuernos
de culpable metal y son huido.

Desterrando agrietado el arco mensajero
la transparencia del sonido muere.
El verdeoro de las flautas rompe
entretejidos antílopes de nieve corpulenta
y abreviados pasos que a la nube atormentan.
¿Puede acaso el granizo armándose
en el sueño, siguiendo sus heridas
preguntar en la nube o el rostro?
Dance la luz reconciliando
al hombre con sus dioses desdeñosos.
Ambos sonrientes, diciendo
los vencimientos de la muerte universal
y la calidad tranquila de la luz.

Un puente, un gran puente

En medio de las aguas congeladas o hirvientes,
un puente, un gran puente que no se le ve,
pero que anda sobre su propia obra manuscrita,
sobre su propia desconfianza de poderse apropiar
de las sombrillas de las mujeres embarazadas,
con el embarazo de una pregunta transportada a lomo de mula
que tiene que realizar la misión
de convertir o alargar los jardines en nichos
donde los niños prestan sus rizos a las olas,
pues las olas son tan artificiales como el bostezo de Dios,
como el juego de los dioses,
como la caracola que cubre la aldea
con una voz rodadora de dados,
de quinquenios, y de animales que pasan
por el puente con la última lámpara
de seguridad de Edison. La lámpara, felizmente,
revienta, y en el reverso de la cara del obrero,
me entretengo en colocar alfileres,
pues era uno de mis amigos más hermosos,
a quien yo en secreto envidiaba.

Un puente, un gran puente que no se le ve,
un puente que transporta borrachos
que decían que se tenían que nutrir de cemento,
mientras el pobre cemento con alma de león,
ofrecía sus riquezas de miniaturista,
pues, sabed, los jueves, los puentes
se entretienen en pasar a los reyes destronados,
que no han podido olvidar su última partida de ajedrez,

jugada entre un lebrel de microcefalia reiterada
y una gran pared que se desmorona,
como el esqueleto de una vaca
visto a través de un tragaluz geométrico y mediterráneo.
Conducido por cifras astronómicas de hormigas
y por un camello de humo, que tiene que pasar ahora el puente,
un gran tiburón de plata,
en verdad son tan solo tres millones de hormigas
que en un gran esfuerzo que las ha herniado,
pasan el tiburón de plata, a medianoche,
por el puente, como si fuese otro rey destronado.

Un puente, un gran puente, pero he ahí que no se le ve,
sus armaduras de color de miel, pueden ser las vísperas sicilianas
pintadas en un diminuto cartel,
pintadas también con gran estruendo del agua,
cuando todo termina en plata salada
que tenemos que recorrer a pesar de los ejércitos
hinchados y silenciosos que han sitiado la ciudad sin silencio,
porque saben que yo estoy allí,
y paseo y veo mi cabeza golpeada,
y los escuadrones inmutables exclaman:
es un tambor batiente,
perdimos la bandera favorita de mi novia,
esta noche quiero quedarme dormido agujereando las sábanas.
El gran puente, el asunto de mi cabeza
y los redobles que se van acercando a mi morada,
después no sé lo que pasó, pero ahora es medianoche,
y estoy atravesando lo que mi corazón siente como un gran
  puente.
Pero las espaldas del gran puente no pueden oír lo que yo digo:
 que yo nunca pude tener hambre,

porque desde que me quedé ciego
he puesto en el centro de mi alcoba
un gran tiburón de plata,
al que arranco minuciosamente fragmentos
que moldeo en forma de flauta
que la lluvia divierte, define y acorrala.
Pero mi nostalgia es infinita,
porque ese alimento dura una recia eternidad,
y es posible que solo el hambre y el celo
puedan reemplazar el gran tiburón de plata,
que yo he colocado en el centro de mi alcoba.
Pero ni el hambre ni el celo ni ese animal
favorito de Lautréamont han de pasar solos y vanidosos
por el gran puente, pues los chivos de regia estirpe helénica
mostraron en la última exposición internacional
su colección de flautas, de las que todavía queda hoy un eco
en la nostálgica mañana velera, cuando el pecho de mar
abre una pequeña funda verde y repasa su muestrario
de pipas, donde se han quemado tantos murciélagos.
Las rosas carolingias crecidas al borde de una varilla irregular.
El cono de agua que las mulas enterradas en mi jardín
abren en la cuarta parte de la medianoche
que el puente quiere hacer su pertenencia exquisita.
Las manecillas de ídolos viejos, el ajenjo mezclado con el rapto
de las aves más altas, que reblanceden la parte del puente
que se apoya sobre el cemento aguado, casi medusario.

Pero ahora es necesario para salvar la cabeza
que los instrumentos metálicos puedan aturdirse espejando
el peligro de la saliva trocada en marisco barnizado
por el ácido de los besos indisculpables
que la mañana resbala a nuevo monedero.

¿Acaso el puente al girar solo envuelve
al muérdago de mansedumbre olivácea,
o al torno de giba y violín arañado
que raspa el costado del puente goteando?
Y ni la gota matinal puede trocar
la carne rosada del memorioso molusco
en la aspillera dental del marisco barnizado.
Un gran puente, desatado puente
que acurruca las aguas hirvientes
y el sueño le embiste blanda la carne
y el extremo de lunas no esperadas suena hasta el fin las sirenas
que escurren su nueva inclinación costillera.
Un puente, un gran puente, no se le ve,
sus aguas hirvientes, congeladas,
rebotan contra la última pared defensiva
y raptan la testa y la única voz
vuelve a pasar el puente, como el rey ciego
que ignora que ha sido destronado
y muere cosido suavemente a la fidelidad nocturna.